First Picture Dictionary
Animals
Eerste Beeldwoordenboek
Dieren

Pig
Varken

Butterfly
Vlinder

Rabbit
Konijn

Fox
Vos

Illustrated by Anna Ivanir

www.kidkiddos.com
Copyright ©2025 by KidKiddos Books Ltd.
support@kidkiddos.com

All rights reserved. No part of this book may be reproduced in any form or by any electronic or mechanical means, including information storage and retrieval systems, without written permission from the publisher, except in the case of a reviewer, who may quote brief passages embodied in critical articles or in a review.
First edition, 2025

Library and Archives Canada Cataloguing in Publication
First Picture Dictionary - Animals (English Dutch Bilingual edition)
ISBN: 978-1-83416-531-8 paperback
ISBN: 978-1-83416-532-5 hardcover
ISBN: 978-1-83416-530-1 eBook

Wild Animals
Wilde Dieren

Lion
Leeuw

Tiger
Tijger

Giraffe
Giraf

✦ A giraffe is the tallest animal on land.
✦ *Een giraf is het langste dier op het land.*

Elephant
Olifant

Monkey
Aap

Wild Animals
Wilde Dieren

Hippopotamus
Nijlpaard

Panda
Panda

Fox
Vos

Rhino
Neushoorn

Deer
Hert

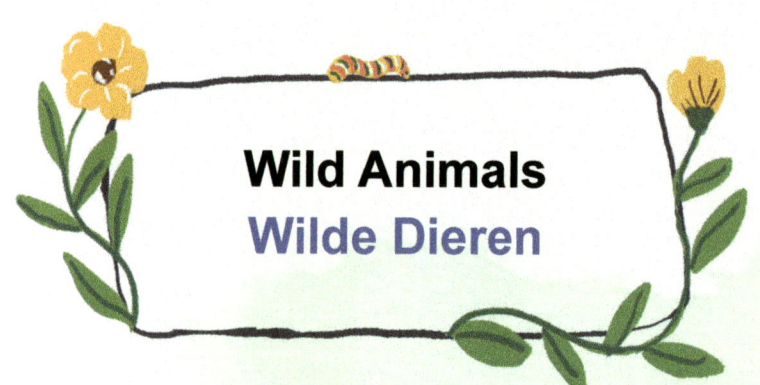

Moose
Eland

Wolf
Wolf

✦ A moose is a great swimmer and can dive underwater to eat plants!

✦ *Een eland is een goede zwemmer en kan onder water duiken om planten te eten!*

Squirrel
Eekhoorn

Koala
Koala

✦ A squirrel hides nuts for winter, but sometimes forgets where it put them!

✦ *Een eekhoorn verstopt noten voor de winter, maar vergeet soms waar hij ze heeft verstopt!*

Gorilla
Gorilla

Pets
Huisdieren

Canary
Kanarie

✦ A frog can breathe through its skin as well as its lungs!
✦ *Een kikker kan ademen via zijn huid én zijn longen!*

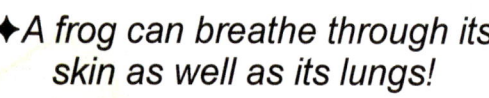

Guinea Pig
Cavia

Frog
Kikker

Hamster
Hamster

Goldfish
Goudvis

Dog
Hond

✦ Some parrots can copy words and even laugh like a human!

✦ *Sommige papegaaien kunnen woorden nadoen en zelfs lachen als een mens!*

Parrot
Papegaai

Cat
Kat

Animals at the Farm
Boerderijdieren

Cow
Koe

Chicken
Kip

Duck
Eend

Sheep
Schaap

Horse
Paard

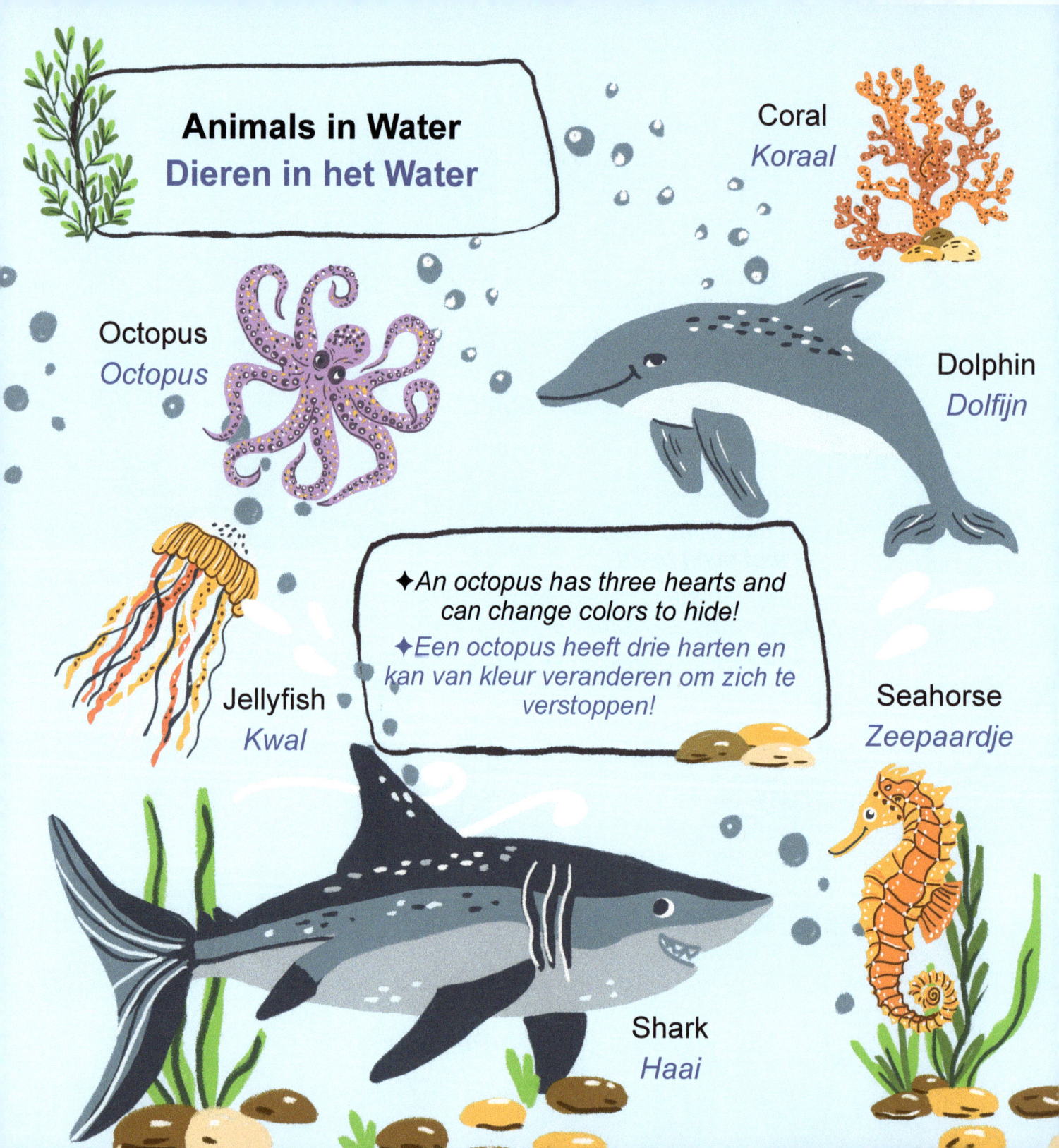

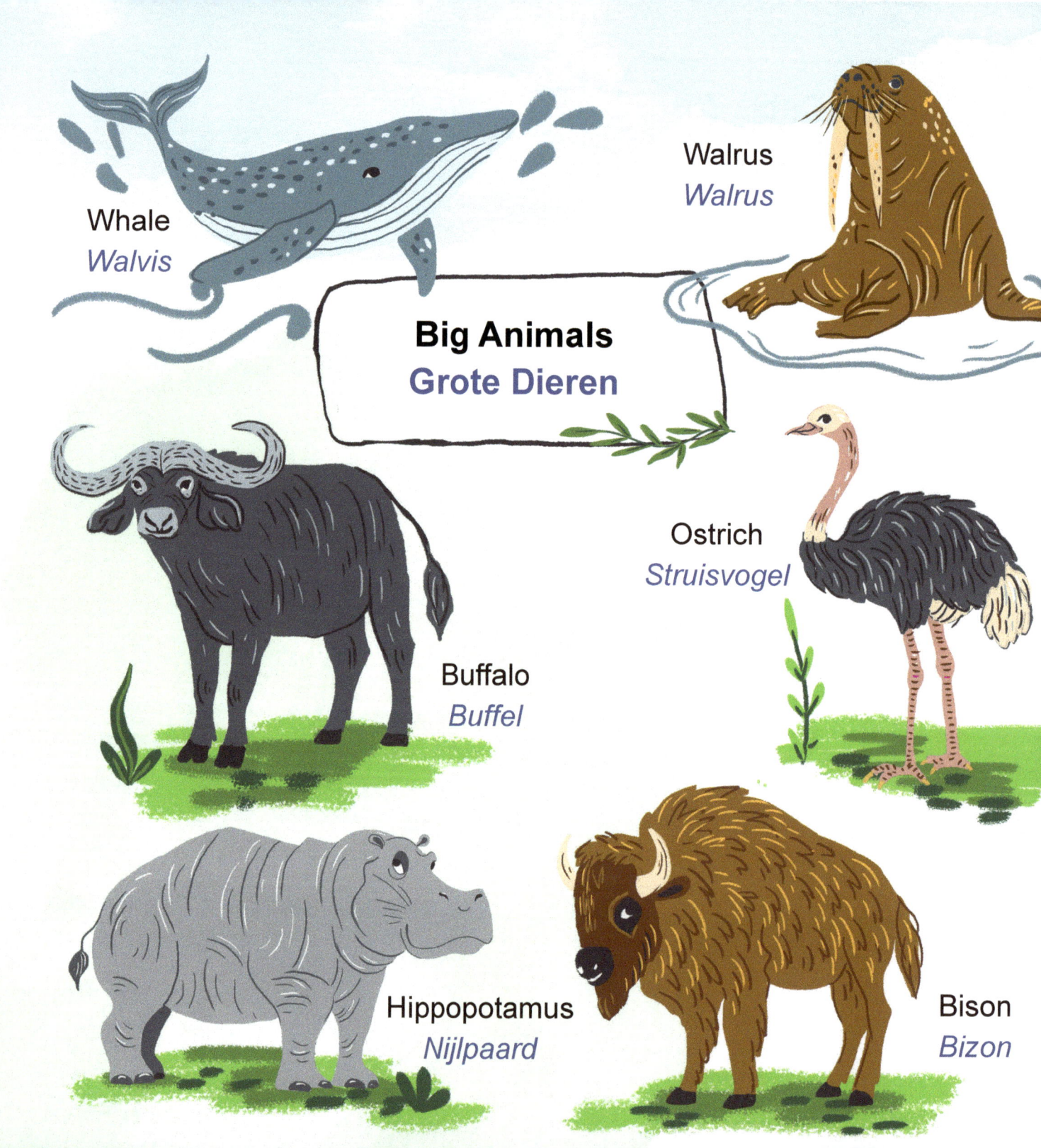

Small Animals
Kleine Dieren

Chameleon
Kameleon

Spider
Spin

✦ An ostrich is the biggest bird, but it cannot fly!
✦ *Een struisvogel is de grootste vogel, maar hij kan niet vliegen!*

Bee
Bij

✦ A snail carries its home on its back and moves very slowly.
✦ *Een slak draagt zijn huis op zijn rug en beweegt zich heel langzaam voort.*

Snail
Slak

Mouse
Muis

Quiet Animals
Stille Dieren

Ladybug
Lieveheersbeestje

Turtle
Schildpad

✦ A turtle can live both on land and in water.
✦ *Een schildpad kan zowel op land als in water leven.*

Fish
Vis

Lizard
Hagedis

Owl
Uil

Bat
Vleermuis

✦An owl hunts at night and uses its hearing to find food!
✦*Een uil jaagt 's nachts en gebruikt zijn gehoor om voedsel te vinden!*

✦A firefly glows at night to find other fireflies.
✦*Een vuurvlieg licht op in de nacht om andere vuurvliegen te vinden.*

Raccoon
Wasbeer

Tarantula
Vogelspin

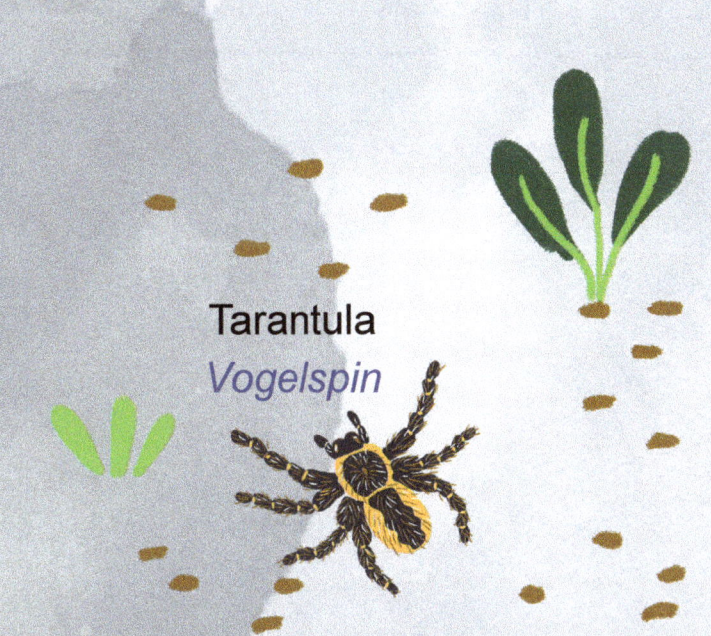

Colorful Animals
Kleurrijke Dieren

A flamingo is pink
Een flamingo is roze

An owl is brown
Een uil is bruin

A swan is white
Een zwaan is wit

An octopus is purple
Een octopus is paars

A frog is green
Een kikker is groen

✦ A frog is green, so it can hide among the leaves.
✦ *Een kikker is groen, zodat hij zich kan verstoppen tussen de bladeren.*

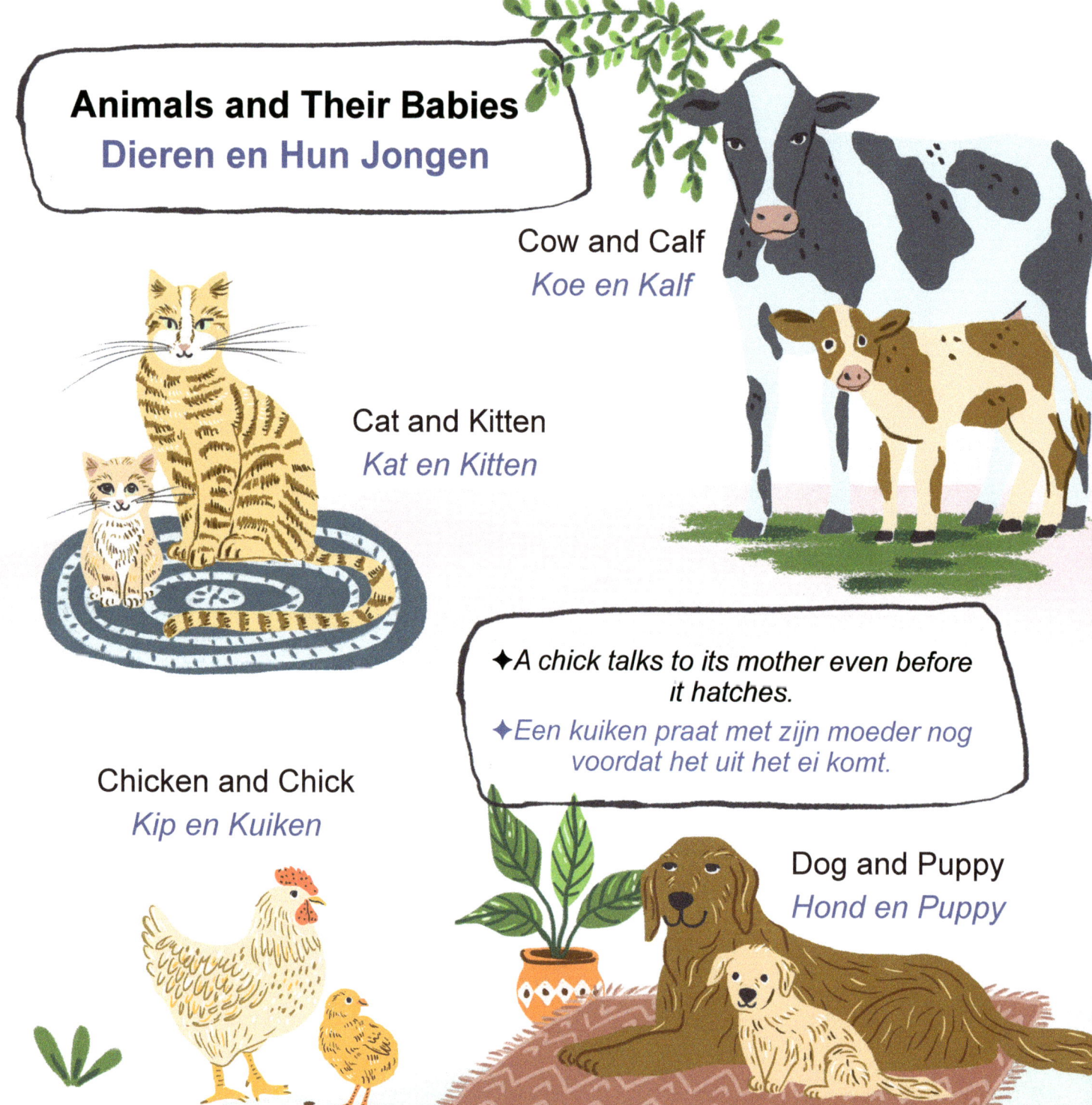

Animals and Their Babies
Dieren en Hun Jongen

Cow and Calf
Koe en Kalf

Cat and Kitten
Kat en Kitten

✦A chick talks to its mother even before it hatches.
✦*Een kuiken praat met zijn moeder nog voordat het uit het ei komt.*

Chicken and Chick
Kip en Kuiken

Dog and Puppy
Hond en Puppy

Butterfly and Caterpillar
Vlinder en Rups

Sheep and Lamb
Schaap en Lammetje

Horse and Foal
Paard en Veulen

Pig and Piglet
Varken en Biggetje

Goat and Kid
Geit en Geitenlammetje

www.ingramcontent.com/pod-product-compliance
Lightning Source LLC
LaVergne TN
LVHW072002060526
838200LV00010B/258